AF234072

73
79

LES
NOCES D'ARGENT

DANS

UNE FAMILLE CHRÉTIENNE.

LE PUY-EN-VELAY.

—

1879

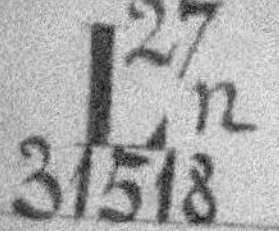
L 27 n
3/518

LES

NOCES D'ARGENT

DANS

UNE FAMILLE CHRÉTIENNE.

LE PUY-EN-VELAY.

—

1879

BIBLIOTHÈQUE NATIONALE — R.F. — IMPRIMÉS

NOCES D'ARGENT

DANS UNE FAMILLE CHRÉTIENNE.

Mardi, 22 avril 1879, l'honorable chef d'une famille des plus estimées de la ville du Puy, appartenant à notre vieille noblesse du Velay, M. Régis de Surrel de Saint-Julien, conservateur des hypothèques, célébrait le vingt-cinquième anniversaire de son mariage avec Madame, née de Cousin de La Tour-Fondue (1).

Malgré le caractère absolument intime que la famille avait donné à cette touchante fête, elle voudra bien pardonner notre indiscrétion.

---

(1) La maison de Cousin, de très-ancienne noblesse originaire du fief de Cousin, aujourd'hui commune de Saint-Pierre-le-Moûtier, en Nivernais, demeura longtemps connue en Bourbonnais. — La branche cadette, de Cousin de La Vallière, est établie depuis le quatorzième siècle à Saint-Sulpice-la-Pointe (canton et arrondissement de Lavaur, Tarn), dont elle tenait la citadelle. — Au commencement du siècle dernier, la branche aînée s'est transplantée en

Un noble exemple de piété chrétienne et filiale est toujours utile à faire connaître ; il sera une nouvelle preuve de la perpétuité des traditions patriarcales attachées à cet esprit de foi qui fait l'honneur du Velay, comme toujours, espérons-le, il demeurera son plus glorieux héritage !

Ce récit est l'exposé très-simple et sans commentaire de ce qui s'est passé :

Le 2 mai 1854 se trouve la date précise du mariage de M. de Saint-Julien ; le 2 mai 1879 aurait dû, ce semble, être le jour fixé pour la célébration des noces d'argent. Il fallut prévoir le terme des vacances de Pâques et le départ des jeunes collégiens de la famille, déjà effectué depuis plusieurs jours à cette date. Le dernier jour des vacances, mardi 22 avril, fut donc l'époque choisie pour la fête.

Dans la matinée de ce jour, à huit heures, les membres de la famille de Surrel de Saint-Julien et ceux de la branche cadette de Surrel de Montbel, présents au Puy, se trouvaient réunis dans la vieille basilique de Notre-Dame, à la chapelle de Saint-

---

Auvergne, où elle prit le nom de La Tour-Fondue, d'une seigneurie qu'elle possédait à Saint-Amant-la-Cheyre, aujourd'hui Saint-Amant-Tallende, arrondissement de Clermont Ses armoiries sont : *De gueules, à la foy d'argent*. Supports : deux levrettes. Devise : *Fides exercituum*. Couronne de marquis avec cimier présentant un lion armé d'un cimeterre.

François-Régis, patron du héros de la fête, le chef de toute la famille qu'ils entouraient, en lui témoignant ainsi leur respectueux attachement.

Un ami de la maison, M. Adoue, prêtre de Saint-Sulpice, célébrait la sainte messe. Au pied de l'autel répondait au prêtre ce jeune lévite du sanctuaire qui, par son admirable piété, avec les livrées de l'Eglise, alors surtout se montrait digne d'avoir, par la naissance, obtenu la première place entre les sept enfants (1), heureux fruits de l'union dont une famille chrétienne célébrait en ce jour le souvenir.

A la fin des augustes mystères, Père privilégié, Mère bienheureuse de cette famille, entourés de vos enfants, suivis par tous les représentants de votre noble race, vous eûtes cette autre consolation de recevoir Celui qui a été pour vous le pain des chrétiens, qui vous a soutenus et a rendu vos âmes fortes et élevées, parce qu'Il est le pain des forts, enfin, comme ils vous l'ont tous souhaité, parce qu'Il est surtout le pain de vie, Il vous conservera encore longtemps avec les vôtres dans une existence entourée de consolations.

Le soir des noces d'argent, même réunion de la nombreuse famille, dans la demeure des nobles

---

(1) M. l'abbé Henri de Surrel de Saint-Julien. Les six autres enfants sont: MM. Amédée, Dominique, Ernest, Gabriel, Joseph et Mlle Aménaïde de Surrel de Saint-Julien.

époux. Nous reproduisons ici le discours qui fut alors prononcé par le frère puîné du jeune séminariste, M. Amédée de Surrel de Saint-Julien. En lisant ce discours on comprendra, beaucoup mieux que nous ne pourrions le dire, ce qui a dû se passer de touchant dans cette admirable réunion, et il restera ainsi le meilleur écho de la fête :

« Nos seigneurs Père et Mère bien-aimés,

» Vous donnez à vos enfants un bien beau et touchant spectacle, en célébrant le vingt-cinquième anniversaire de votre mariage.

» C'était pour nous la meilleure occasion de vous offrir, comme un nouveau témoignage de piété filiale, notre reconnaissance et notre amour bien respectueux que nous déposons humblement devant vous.

» La reconnaissance dans tout cœur bien né doit sans doute à Dieu son premier tribut. Vous nous l'avez enseigné par le pieux récit des intimes merveilles où se marquait la faveur d'en-haut, et qui, ayant précédé votre union, devaient garantir qu'elle serait bienheureuse.

» Bonne et vénérée Mère, laissez-moi rappeler ici la parole prophétique du saint curé d'Ars : « Mon enfant, » vous dit-il, « Dieu vous destine » quelqu'un qui fera votre bonheur; » et, pour récompenser davantage votre foi en son thaumaturge, Dieu permit encore un songe miraculeux dans lequel apparut l'image très-ressemblante de notre Père bien-aimé. — Le témoin de ce songe, notre Grand'Mère chérie (1), en participant alors aux secrets de Dieu, ne pouvait-elle pas vous annoncer, en même temps que la ressemblance de notre Père, sa propre destinée de partager avec vous la tendresse et les soins maternels? Aussi bien daignera-t-elle prendre sa part dans les hommages que nous vous adressons aujourd'hui et avec lesquels nous la saluons la première, vénérant en elle ses droits à notre gratitude et la majesté des aïeux.

» Avec la grâce de Dieu, vos enseignements ne s'effaceront jamais dans nos cœurs; et c'est à Dieu que nous pensons surtout offrir aujourd'hui notre reconnaissance, en vous suppliant de l'agréer pour vous-mêmes qui êtes dans notre maison ses

---

(1) Henriette de Retz de Bressoles, comtesse-douairière de Cousin de La Tour-Fondue. — La famille de Retz, originaire d'Écosse, vint en France dans la personne d'un de ses membres faisant partie de la garde écossaise qui accompagnait Charles Stuart, envoyé au secours du roi Charles VII. Elle s'y établit plus tard, le 2 octobre 1526, par le mariage d'Antoine de Retz avec l'unique héritière du seigneur de Bressoles, au pays de Gévaudan. Ses armoiries sont écartelées : *au 1er et au 4e d'azur, au chevron d'or, accompagné en chef de deux étoiles d'argent et en pointe d'une épée d'argent posée en pal, la garde en haut*, qui est de Retz; *au 2e et au 3e d'azur, à la fasce haussée d'argent*, qui est de Bressoles.

premiers représentants et qui nous avez si fidèlement distribué ses bienfaits.

» Aussi, c'est un vœu bien sincère, que nous renouvellerons chaque jour, de pouvoir célébrer, après ces noces d'argent, la fête plus désirée de vos noces d'or, parce qu'il nous aura été permis de traduire par des actes cette reconnaissance que nos cœurs sont obligés à contenir malgré eux, et dont sans cesse vous augmentez le trésor devenu une dette insolvable.

» Mais, dans ces hommages que nous vous adressons aujourd'hui, permettez-nous cependant de vous offrir, à titre de reconnaissance et à défaut de nos actes, l'expression de notre respect et de notre filial amour.

» Et pourquoi, en parlant de notre respect, ne pas saisir l'occasion qui se présente d'expliquer un langage qui a pu surprendre, parce qu'il est oublié, lorsqu'au début de notre discours nous vous avons salués nos seigneurs Père et Mère ?

» Nous évoquions un souvenir des nobles traditions d'un âge qui n'est plus; alors que l'Eglise, souveraine éducatrice des peuples, ayant appris aux hommes la véritable source de leur origine et faisant remonter à Dieu le principe de toute autorité, recueillait avec douceur les fruits d'aussi sages leçons, par l'établissement des familles patriarcales. C'est alors que nos pères, accoutumés au sein de ces familles, à saluer dans les auteurs de leurs jours l'image du Créateur, devenus hommes, ne sentaient point leur orgueil se révolter en se pliant sous l'autorité paternelle ; et, par l'intelligence de leur cœur unie à celle de leur foi, ils jugeaient que leur premier seigneur sur la terre était bien Celui dont la tendresse leur avait ménagé tout ce qu'ils possédaient. Et le père, ainsi présenté aux hommages et à l'amour immortel de ses enfants, le front resplendissant de l'auréole divine, n'avait pas à craindre les dangers d'une égalité qu'on usurpe et d'une familiarité qui méprise ; et, jusque dans la plus extrême vieillesse, de même que sa présence imposait le respect et l'amour, sa parole commandait toujours l'obéissance.

» D'aussi respectables traditions, qui élevaient tous les cœurs, assuraient les plus féconds résultats pour le bonheur de la société et la prospérité des familles chrétiennes. Aussi, maintenant qu'elles ont disparu de nos mœurs, voyons-nous les abîmes effrayants que seules elles pouvaient couvrir.

» Ce spectacle fera grandir encore notre reconnaissance et notre amour pour vous, vénérés Père et Mère, qui, dociles à la voix de la Sagesse éternelle, sachant faire à chacun sa part légitime et donnant à César, c'est-à-dire au monde, ce qui lui appartient, avez obéi à ses usages et à ses mœurs dans notre siècle, autant qu'ils sont compatibles avec la loi de Dieu ; mais surtout vous avez pris garde de rendre à Dieu la part principale qui Lui revient, et, contre-balançant ainsi les funestes influences d'un siècle impie et révolutionnaire, vous nous avez donné intègre l'héritage sacré et le plus précieux : la foi de nos pères, dont toute votre vie reflète admirablement les vertus.

» Nous désirons tous avoir recueilli cet héritage, et j'ai confiance que vous recevrez surtout par la bonne conduite de vos enfants le bonheur qui vous fut annoncé de par Dieu. Même en cette année de vos noces d'argent, par une délicatesse touchante de la Providence, trois nouvelles faveurs vous seront accordées par leur intermédiaire :

» Ce sont d'abord les deux plus jeunes d'entre nous. Ils vous feront, à peu de distance l'un de l'autre, participer chacun à la joie qui doit remplir leurs cœurs que vous avez formés ; et tandis qu'ils voient approcher le moment de leur première communion, au milieu de la respectueuse attente du plus beau jour de leur vie, ils sont venus vous offrir avec nous l'hommage de leur reconnaissance et trouver, dans cette touchante fête de famille, une nouvelle impulsion aux sentiments et aux vœux qu'ils formuleront bientôt devant le Dieu de l'Eucharistie s'unissant à leurs bons petits cœurs et à leur filiale tendresse, pour qu'il vous soit accordé, selon notre désir, une longue vie et, suivant vos mérites, toute vraie consolation de notre part.

» La seconde faveur qui vous est réservée sera non moins grande et non moins consolante.

» Votre fils premier-né, écoutant l'appel d'une

destinée plus auguste, va consacrer par un serment solennel et irrévocable le noble choix de son cœur en recevant l'ordre du sous-diaconat. Et ce sera pour vous un bien consolant spectacle de retrouver en lui l'image vivante d'un frère (1) et d'un fils (2) regrettés.

» Car, peu de temps après, lorsqu'il sera revêtu du sacerdoce, vous n'aurez plus à envier cet honneur de compter un prêtre dans notre maison, et si notre oncle pouvait vous bénir au nom de Dieu, comme il le fit d'abord dans la cérémonie de votre mariage chrétien, notre frère aura le même pouvoir de par Dieu ; enfin, par sa piété et ses vertus, qui lui assurent, dans l'affection et dans l'estime fraternelles, cette primauté que pouvait demander l'ordre de sa naissance, il retracera aussi, devant vous, les mérites de votre frère.

» Mais vous pleurez un fils et nous regrettons un frère dont le nom seul semblait un gage des plus heureuses espérances : vous l'aviez appelé Emmanuel, Dieu avec nous !

» Votre fils premier-né doit encore, par son noble choix, faire revivre Emmanuel ; et Dieu sera avec nous, quand l'auréole sacerdotale couronnera

---

(1) M. l'abbé Ernest de Surrel de Saint-Julien, décédé en 1857.

(2) Un huitième enfant de M. de Saint-Julien, le cinquième dans l'ordre de la naissance. Il se nommait Emmanuel, et mourut au berceau.

le front de notre frère, puisque, au témoignage
de l'Écriture, le prêtre est un autre Jésus-Christ.

» Cependant, par ses hautes destinées, si votre
premier fils est pour vous un juste sujet de consolations, vénérés Père et Mère, je lui dois aussi de
pouvoir vous exprimer les sentiments de notre
piété et de notre filial amour. Car, puisqu'il va
devenir, pour la terre, l'un des immédiats représentants de Dieu, il m'a transmis l'honneur d'être
après vous, mon bien-aimé Père, le premier de
toute notre maison si heureuse de saluer en votre
personne le chef et le modèle vénéré de tous ; et
je tenais, pour l'une des plus douces prérogatives
de ma nouvelle dignité, d'interpréter les sentiments de chacun de nous.

» Je dois encore, avec la grâce de Dieu, être le
gardien et le dépositaire des souvenirs de nos ancêtres et perpétuer surtout la chaîne de notre famille,
avec ses nobles traditions de foi et de solides vertus
chrétiennes que vous nous avez fidèlement trans-
mises.

» Désireux d'atteindre, dans la mesure de ma
faiblesse, à la hauteur de mes devoirs, j'ai voulu
prouver, non-seulement à ceux qui m'entourent,
mais à moi-même, la réalité de mes sentiments
d'absolue soumission et de respect envers l'autorité
paternelle. Ils sont, en effet, le plus ferme rempart
qui abrite la famille et fortifie la société, en maintenant l'homme dans les sentiers du devoir et le
chemin de l'honneur.

» Aussi, comme gage de ces sentiments, après
une première étape dans la vie, malheureusement
trop éloignée de votre foyer, j'ai tenu à vous
apporter une modeste offrande que vous daignerez
agréer comme un tribut effectif et une reconnaissance de votre autorité.

» J'ai obéi aux mêmes sentiments en rappelant
ces expressions avec lesquelles vos ancêtres
saluaient leurs pères et qui peuvent parfaitement
vous être adressées, tant à cause de votre origine
que pour la dignité particulière dont vous êtes
revêtus vis-à-vis de nous. L'usage en est aujour-
d'hui abandonné, malheureusement pour le
prestige de l'autorité, puisque les hommes,
obéissant aux lois d'une imparfaite nature, se
laissent infailliblement impressionner par les
choses extérieures. Aussi, j'ai pensé qu'il valait
mieux négliger des usages d'ailleurs peu favorables
même au plus légitime respect, et faire gagner
d'autant en prestige l'exemple de soumission
filiale que je voulais surtout offrir.

» Mais, pour clôturer dignement mon discours,
permettez-moi de vous dire le sujet le plus vaste
de vos joies, de votre reconnaissance à Dieu et de
vos espérances, en vous présentant chacun de vos
enfants.

» Le respect que je dois à mon frère aîné m'a
seulement permis de lui adresser l'expression d'un
fraternel amour mêlé de vénération, et, toutes ses
qualités l'élevant au-dessus de moi, je ne puis

vous le présenter ; mais je l'invite qu'il unisse son cœur avec les vôtres, et, lorsque vous nous bénirez, qu'il apprenne à guider vers nous sa main qui doit être consacrée pour bénir.

» Si, dans l'ordre de la nature, j'ai l'honneur de prendre rang après lui, sans aucun mérite de ma part, je prie Dieu qu'Il me rende digne de cet honneur en faisant croître en ma personne les qualités filiales dont sa bonté aurait daigné y faire naître le germe.

» Mais c'est un vrai bonheur pour moi, vénérés Père et Mère, de vous présenter successivement :

» Celui dont le mâle courage, stimulé par une légitime ambition qu'ennoblira sans doute son intelligence éclairée, me fait espérer, pour votre consolation, que vous verrez par lui dans votre famille le retour des exemples d'une noble conduite et des vertus chevaleresques.

» Les qualités du cœur de votre quatrième fils vous réjouiront aussi ; et par une heureuse coïncidence, puisqu'il porte le même nom du prêtre votre frère qui bénit votre union, il a retracé ce souvenir avec un talent précoce et bien inspiré, en vous offrant le dessin du mariage de la sainte Vierge et de saint Joseph, modèles parfaits des époux chrétiens.

» Vous avez reçu déjà, par ses rapides succès, les espérances que vous offre votre cinquième fils ; elles vous sont confirmées par les preuves d'une raison sagace et de ses pieux sentiments.

» Enfin, vous avez choisi pour protéger vos deux derniers enfants saint Joseph et la sainte Vierge, et il vous est bien permis de trouver en cette protection un gage consolant pour leur destinée. Dernières fleurs de votre famille, agréez qu'ils vous offrent le bouquet (1) de vos enfants, qui, tous réunis autour de vous, forment en ces jours, selon le langage de l'Ecriture : « le cercle » de votre table, semblables à de jeunes plants d'oli- » vier » ; et afin que la paix, dont l'olivier est le symbole, règne toujours au milieu de nous, nous vous supplions de répandre sur nous la paternelle bénédiction. »

Aussitôt après ce discours, les sept enfants, agenouillés devant leur Père, pour recevoir sa bénédiction, offraient ainsi le plus rare et le plus bel exemple d'une touchante piété filiale et mettaient le comble à l'émotion qui remplissait tous les heureux témoins de cette fête d'impérissable souvenir.

Il ne sera pas sans intérêt, croyons-nous, de lire à la suite de ces pages, comme dernier épilogue, une courte notice généalogique sur la famille dans laquelle ont été célébrées d'aussi admirables noces d'argent.

---

(1) Ils portaient ensemble un magnifique bouquet.

NOTICE HISTORIQUE

sur

LA MAISON DE SURREL (1).

L'origine de cette maison remonte à une époque inconnue; mais son nom patronymique provient de la terre de Surrel, située dans la commune de Retournac, en Velay, département de la Haute-Loire.

Au commencement du treizième siècle, le sire de Surrel, pour participer à la croisade contre les Albigeois avec le seigneur Guillaume des Barres et l'évêque du Puy (1208), abandonna son château et sa terre de Surrel.

---

(1) Les armes de Surrel, portent: *D'azur, au cygne d'argent foulant un croissant de même, les pointes en haut, au chef cousu de gueules, chargé de trois étoiles d'argent.* — Devise: *Deo et Atavis.* — Supports: deux lions.

La branche cadette a pris pour devise: *Virtute exaltantur humiles;* — elle porte une couronne de comte.

Le chef de la maison timbre son écu de la couronne de marquis.

Ses descendants s'établirent sur les confins du Velay et du Gévaudan, au lieu du Bouchet-Saint-Nicolas, et devinrent les plus puissants seigneurs de la contrée. Ils étaient alors seigneurs de Juillac, Monchan, Abel, Font-Rouge, Combes, Soubise; seigneurs-pariers de la baronnie de Saint-Haon (1) et autres lieux (2), tous fiefs ou seigneuries non loin du Bouchet.

Dans les premières années du dix-septième siècle, le continuateur de cette maison, François Ier de Surrel de Monchan, par son mariage avec Anne d'Avouac, se fixait en la ville du Monastier-Saint-Chaffre, qui devint ainsi le troisième berceau de la famille. — La maison de Surrel se divisa ensuite en deux branches.

Un arrière-petit-fils de François Ier de Surrel, noble Jacques-Louis, écuyer, devint le fondateur de la branche cadette et reçut en apanage les château et seigneurie de Montbel, en Vivarais, provenant de la famille de sa mère, Marie de Bourbon-Pomeyrol. Il prit le nom de Montbel que ses descendants ont conservé.

----

(1) Par lettres patentes données à Versailles en 1769 Louis XV érigea cette baronnie en comté.

(2) Il existe aux archives du département de la Haute-Loire un terrier du chapitre de Saint-Vosy au Puy, dans lequel on lit, liasse 1re, page 4, côté 31, année 1333, terroir de la Blache : « Messire Pierre de Surrel fait une fondation sur sa terre des Rioux. »

Son frère aîné, Jean-Pierre-Charles, chef de la maison de Surrel, était seigneur de Saint-Julien et Rochebaron, en Velay, coseigneur-marquis de la Fare, seigneur du Cros-Verdier, la Tour-de-Constance, Auteyrac, Leyris et autres places, en Vivarais. Jean-Pierre-Charles résidait alternativement au Monastier et surtout en son château du Cros-Verdier, mais il prenait généralement le nom de Saint-Julien que la branche aînée continue à porter depuis lors.

La seigneurie de Saint-Julien avait passé de la maison de Jerphanion dans celle de Surrel vers 1725 ; elle est devenue chef-lieu de canton du département de la Haute-Loire, et se trouve dans l'ancien pays du Velay, à 18 kilomètres du Puy.

Le petit-fils de Jean-Pierre-Charles, M. Régis de Surrel de Saint-Julien, conservateur des hypothèques au Puy-en-Velay, est actuellement chef de nom et armes de la maison de Surrel. Il a épousé, le 2 mai 1854, Amicie de Cousin de La Tour-Fondue, dont il a plusieurs enfants.

Le petit-fils de Jacques-Louis, fondateur de la branche cadette, M. Louis de Surrel de Montbel, est le chef de cette seconde branche. Il réside également au Puy et a plusieurs enfants.

APPENDICE.

Les cérémonies religieuses de l'ordination et premières communions, auxquelles le discours a fait allusion, se sont célébrées dans l'ordre chronologique qui suit :

Jeudi 5 juin 1879, Mlle Aménaïde de Surrel de Saint-Julien, au pensionnat des dames du Sacré-Cœur des Anglais, près Lyon, a reçu la première communion des mains de Mgr l'éminentissime cardinal Caverot, archevêque de Lyon, primat des Gaules.

Le surlendemain, samedi 7 juin, vigile de la Trinité, Mgr Le Breton, évêque du Puy, conférait l'ordre du sous-diaconat, dans la basilique de Notre-Dame, à M. l'abbé Henri de Surrel de Saint-Julien.

Enfin, la veille de saint François Régis, dimanche 15 juin, M. Joseph de Surrel de Saint-Julien a reçu pour la première fois la sainte communion, des mains du R. P. Recteur, dans la chapelle du collége des Jésuites où furent élevés ses frères aînés, à Iseure, près Moulins (Allier).

Nevers, Imp. Fay. G. Vallière, succr.

www.ingramcontent.com/pod-product-compliance
Lightning Source LLC
LaVergne TN
LVHW021808060726
842528LV00003B/1205